정미소 카페

공영해 시조집

목언예학

정미소 카페

지은이 · 공영해
펴낸이 · 민병도
펴낸곳 · 목언예원

초판 인쇄 : 2025년 11월 25일
초판 발행 : 2025년 11월 30일

목언예원
출판등록 : 2003년 2월 28일 제8호
경북 청도군 금천면 선바위길 53 (신지2리 390-2)
전화 : 054-371-3544 (팩스겸용)
E-mail : mbdo@daum.net

ISBN 979-11-93276-38-9 03810

저자와의 협의에 의해 인지를 생략합니다.
이 책은 경상남도, 경남문화예술진흥원의 문화예술지원을 받아
발간되었습니다.

값 12,000원

정미소 카페

공영해 시조집

■ 시인의 말

말의 주소가
희미해질수록
찾을 일이 많아진다

발품으로 만난
꽃들의 말을 또 불러
피워본다

만나지 않으면
돌아서는 꽃의 세계

안부를 확인한다

2025년 여름
공영해

CONTENTS

정미소 카페

PART 00 | **시인의 말** • 5

PART 01 | **뻐꾹나리** • 11

    001 수련睡蓮 • 13

    002 꽃들에게 길들다 • 14

    003 어제 내린 봄비에 • 15

    004 그 직방 • 16

    005 봄맞이꽃 • 17

    006 꽃다지 • 18

    007 오늘은 해당화 꽃밭 • 19

    008 빈 집 • 20

    009 아직 봄이 아니다 • 21

    010 옥계 • 22

    011 덕구 • 23

    012 흰털괭이눈 • 24

    013 뻐꾹나리 • 25

    014 쯧 쯧 쯧 • 26

    015 대수 • 27

— 공영해 시조집

PART 02 | 문신의 새 • 29

- 001 추산騶山 • 31
- 002 콩코드 • 32
- 003 해조 • 33
- 004 개미 • 34
- 005 우주를 향하여 • 35
- 006 메뚜기 • 36
- 007 무제無題 • 37
- 008 파문 • 38
- 009 굽다리 제기 • 39
- 010 상보床褓 • 40
- 011 단지 나한 • 41
- 012 공원 • 42
- 013 정미소 카페 • 43
- 014 호박전 한 판에 • 44
- 015 달포를 쉬지도 않고 • 45

PART 03 | **꽃 한때** • 47

   001 가로수길 우화 • 49

   002 기억 학습 • 50

   003 분꽃 저녁 • 51

   004 맨발로路 • 52

   005 석류 • 53

   006 유품 • 54

   007 새우깡 • 55

   008 나비의 피서 • 56

   009 꽃 한때 • 57

   010 무지외반증 • 58

   011 꽃 숨결 • 59

   012 아! 하이소 • 60

   013 형수님면 • 61

PART 04 | **울어라 열풍** • 63

   001 초식동물 • 65

   002 연복초連福草 • 66

   003 주름잎 • 67

   004 아름다운 심술 • 68

   005 울어라 열풍 • 69

   006 기억의 방 • 70

   007 이마 자국 • 71

   008 두꺼비가 울었다 • 72

   009 동촌 순이 • 73

   010 머슴새 • 74

   011 괴정리띠기 생각 • 75

   012 장형長兄의 시간 • 76

   013 백로 무렵 • 77

   014 큰언니 • 78

   015 유칼립투스 • 79

PART 05 | **매화강** • 81

    001   석남사 • 83

    002   불일암 • 84

    003   매화강 • 85

    004   알아서 해라 • 86

    005   투계 • 87

    006   점층법 • 88

    007   가거라 월리 • 89

    008   동행 • 90

    009   우체국 앞에서 • 91

    010   꽃넋을 기리며 • 92

    011   황간 2수 • 93

    012   선사의 봄 • 94

    013   플라스틱의 말 • 95

PART 06 | **작품 해설** • 97

뻐꾹나리

수련睡蓮

별걱정들 하고 있다, 다아 잘 될 끼다
벙그는 꽃의 속내 천수관음 따로 없지
보아라, 비손의 발원
하늘문을 열고 있는

꽃들에게 길들다

우화羽化를 바라보던 꽃들이 분주하다

헛꽃은 몸짓으로 향기를 지워댄다

이제 막
날개 편 나비
꽃들에게 길이 들고

어제 내린 봄비에
−애기괭이눈

어제 내린 봄비에 여울물 넘쳐흘러
물소리 온 골짝을 뒤흔들며 지나가자
잠자던 애기괭이눈 물구경을 하고 있다

얼음새 복수초는 벌써 꽃잎 거두는데
노루귀 보송보송 목을 빼고 두리두리
바람꽃 변산바람꽃 방금 와서 쭈볏대고

좀 있으면 산도 들도 풀빛으로 하나 되어
괭이 떼 빨간 눈빛 다 받아 품을 테고
그맘땐 숨탄것 모두 대놓고 짝 짓겠다

그 직방
―벼룩나물

내 나이 아홉 살적 봄이 와도 손등은 터
터진 상처마다 벼룩 떼가 물어 뜯는지
요강에 손 담글 때면 비명부터 질러댔다

보다 못한 어머니가 들나물을 뜯어 와서
그 중에 벼룩나물 싫다는데 쌈 싸 주며
"야이야 마이 무래이, 손 튼 데는 직방이다."

그래서 그랬는지 손등의 벼룩 상처
삼동 내 애먹이다 감쪽같이 사라졌네
마흔을 넘은 어느 봄 그 직방을 웃고 마네

봄맞이꽃

순백한 꽃잎끼리 자지러진 잔디밭
새소리 재잘재잘 지분대며 다가와도
바람에 눈웃음 살랑 손사래를 치기만

꽃다지

재 먹인 씨감자를 눈 감고도 심고 있는

양지댁 감자농사 허리 굽은 칠십인데

그 밭둑
코딱지나물*
여태 앉아
훌쩍인다

*코딱지나물 : '꽃다지'의 속명

오늘은 해당화 꽃밭

오늘은 해당화
꽃밭에 날아들어

꽃입술에 머리 박고
코를 골며 자고 싶다

맨 첫 줄
핑크빛 언어
그 찾다가 밤샌 날

빈 집

양지댁 살다 떠난 지붕 삭은 슬레이트 집
쥐구멍도 거미줄 친 인적 끊긴 집 한 채
마당은 살판이 났다, 식구들이 늘어났다

냉이 옆엔 꽃다지, 민들레에 씀바귀
꿩소리 아침마다 부엌문을 열었던가
까치발* 떼 지어 와서 집단속을 하고 있다

*까치발 : 가는도깨비바늘

아직 봄이 아니다
―광대나물

마을에서 쫓겨난 광대들이 모였다
살 에는 바람 피해 빈 들판 헤매다가
볕 바른 논두렁 만나 쪼그리고 앉은 것들

아직도 서러운 신명 쑥물 옷이 시렸다
퍼렇게 언 입술을 햇살에 내어 준 채
버릇을 고치지 못해 붉은 혀를 날름댄다

보름달 하마 떠도 반갑지가 않았다
봄까치꽃 찾아와 어깨를 기대지만
먼 들녘 피어오르는 쥐불놀이 연기들

옥계

포구浦口를 풀어 놓은 찻집 뜰은 3월이다
바람 맞은 세월을 절며 닦은 다탁 위에
수선화 그냥 피어서 종일토록 혼자다

눈 젖은 별꽃처럼 눈귀 무른 할미 두고
빈 채로 마을버스가 산모롱일 돌아가면
낮 한창 마을 회관엔 백목련이 부풀어

덕구

아기들 울음소리 기억에도 아슴한데
마을 어귀 방천 따라 재잘대는 애기똥풀
심심한 늙은 덕구*가 시부저기 다가간다

*덕구 : 德狗, 개 이름

흰털괭이눈

보얗던 털도 뜯겨 골짜기로 쫓겨 온 듯
괭이눈 흰털괭이눈 할딱이며 앉아 있다
바람도 돌아가는 곳 젖은 몸을 그냥 털며

불안한 하루가 가고 또 하루가 지나간 날
숯눈을 털고 보니 몸이 온통 금빛이다
그 뒤로 봄을 맞을 땐 무릎 꿇고 받들었다

뻐꾹나리

날아갈 때가 되면 나래 활짝 펴는 새

포란을 잊은 모성 그 화답을 외면하며

날아라
꽃자리 털고
뻐꾹나리
뻐꾹뻐꾹

쯧 쯧 쯧
―꽃마리

할부지―,
머 하는데?
일루 와, 이 꽃 쫌 봐

꽃마리
파란 눈빛…
떨리는 눈빛이 넷

쯧 쯧 쯧
어른이나 얼라*나…,
빈정대는 할매 눈빛

*얼라 : '어린아이'의 경상 방언

대수

노루귀 찾아와서 눈이 녹은 골짜기
눈이야 녹든 말든 노루귀 피든 지든
나하곤 상관없는 일 그게 무슨 대순가

대수도 큰 대수, 아주 상관이 있어요
눈 녹고 꽃 피는데 혼자서만 살아서야
나와서 겨울을 씻고 피는 꽃을 함께 봐요

문신의 새

추산駒山*

바다를
안고 있는

육지의 섬이 있다
총총한 별빛 아파트
저녁밥이 기다리는

숨 가쁜
골목도 금방
사랑 한 상
거뜬한

*추산駒山 : 창원시 마산합포구 문신로에 있는 산이름

콩코드*
―문신*의 새 1

비대칭 언어로 쓴 발이 묶인 새를 본다
초음속 은빛 선율 마름질로 마감을 한
눈부신 스테인리스, '콩코드'*라 명명한

*콩코드 : 문신의 작품 〈해조Ⅱ〉의 이미지
*문신文信(1923~1995) : 화가, 조각가

해조*
―문신의 새 2

'해조'는 비익조, 추상의 가락이다
반쪽이 반쪽을 만나 한 몸이 된 기쁨
브론즈 검은 날갯짓 귀소본능 사랑이다

*해조 : 문신의 조각 작품 〈해조譜調 harmony〉

개미*
―문신의 새 3

육각六脚을 생략한 청동의 시메트리
페르몬을 잔뜩 물고 초병을 서고 있다
창세기 어느 행간에 신이 놓친 화석인 양

*개미 : 문신의 조각 작품명

우주를 향하여*
–문신의 새 4

차운 강철로 쓴
알을 품은 새를 본다
우주로 향한 꿈을 날마다 쏘아올리며
정 깊은 신화의 세계
거듭거듭 확인하는

*우주를 향하여 : 문신의 조각 작품명

메뚜기
―문신의 새 5

지구의 곡창을
순식간에 먹어 치운

포식자의 습성을
〈무제〉*로 박제하여

달리*의
시간 위에다
낟가리를 쌓고 있다

*〈무제〉 : '메뚜기'를 오브제로 한 문신의 조각 작품
*달리 : 살바도르 달리(1904~1989), 스페인의 초현실주의
 화가

무제 無題
-문신의 새 6

제목을 〈무제〉라 한
작품 앞에 설 때마다

경건한 마음으로 옷깃을 여몄었네

빚어낸
일망무제一望無際 속
내가 만날
별을 찾아

파문

일출이 시작되자 책을 펴 든 호수 위로
안경 쓴 왕잠자리 거침없이 날아 든다
한 찰나, 은빛 느낌표 솟았다가 잠수한다

그것뿐, 호수는 종일 책을 펴 놓았고
다른 잠자리가 물의 대구법에 익숙할 때까지
아무도 느낌표의 정체를 알려 하지 않았다

굽다리 제기

불꽃무늬 창을 낸 굽다리 제기 한 벌

탑처럼 생멸의 넋 높이높이 괴어 올려 헤매는 영혼의 집에 상을 차려 받들고자 도공은 제기 굽에다 마음 창을 투각했네. 한 창에 영생을 또 한 창엔 평화를 남은 한 창엔 풍요가 드나들, 창은 창이로되 연기 없이 타오르는 향 머금은 불꽃 같은, 툭 꺾은 아라홍련 봉오리 꽃입술 뾰조롬 내민 불꽃투문 굽다리 제기

그 불꽃 부장副葬 천 년 맥이 뛰는 숙면의 끝
저무는 산 울음까지 기억하며 깨어나서
기도로 지켜 온 제국 아침 해를 피우느니

상보床褓

마당귀 시렁쯤에 보리쌀을 덮던 석새
그 시절 지난 자리 당사唐絲로 피던 꽃잎
이제는 생활을 떠나 추상의 새 날리고

텁텁한 청국장에 누룩내도 호아 기워
그 손맛 누벼 담은 감물 박은 숨결 자국
바람도 서늘바람만 감치듯이 불러오던

마음 조각 실로 본떠 모란꽃 수놓을 제
색색실 입에 물고 나비 떼 날아들면
그 어느 밥상머리쯤 십장생이 춤추더니

상형의 새와 나무 하늘길 열고 가며
잇닿은 헝겊들로 여름 숲 펼치지만
사랑을 공그려 덮을 밥상 하나 없는가

단지 나한

솔바람 등에 지고 서운암 들어서면
묵언 수행 몸에 익은 나한님이 반긴다
눈 오고 비가 내려도 꿈쩍 않는 단지* 나한

금낭화 복주머니 여민 향을 거두던 손
장경각 도자 법문 그 빚던 믿음까지
나한은 잊지 않는다, 햇살 보시 챙기며

메주와 물과 소금 그만으론 안 되는 일
마음까지 세월까지 거기 하나 불심까지
맛 천 년 조선의 얼을 지켜 오신 단지 나한

*단지 : '항아리', '독'의 경상도 사투리

공원

조경사 가위로 푸른 햇살 흩어진다
튀지 마, 모나지 말고 둥글게 사는 거야
잡목들 부러워하면 다쳐도 크게 다쳐

공원의 동백 목서 사철나무 가족에게
연좌緣坐의 끈을 당겨 숨통까지 조이지만
나무는 가슴을 열어 새 떼들을 맞는다

조경사 가위질 소리 마감하듯 해가 진다
지는 해 몰래 피운 꽃들의 반란하며,
어둠 속 숨길 수 없는 꽃향기가 두려워

정미소 카페

피아노 선율 따라 커피 향 피워낸다
지나던 참새 떼도 카페 앞에 내려와서
낟알에 길든 군것질 그리움에 젖다 간다

낯선 시간 걷어내자 원동기가 돌아가며
휘발성 구름 도넛 풍풍풍 쏴 올리는
새롭게 리모델링한 동구 밖 정미소 카페

벨트를 힘껏 감아 아침을 시동 걸던
등 굽은 아버지가 커피 잔을 들고 서서
정미한 빛나는 입쌀 축복처럼 내리신다

호박전 한 판에

주남*은 진영 벌에 소뎅이를 걸어놓고
잘 익은 호박 긁어 치잣물로 반죽하여
가을볕 야문 불씨로 찌짐 한 판 부친다

그때다 천주, 백월, 봉림산*이 침 삼키며 나서는데 크나큰 호박전 한 판을 트랙터가 그만 순식간에 다 베먹고 말자 분을 못 참고 붉으락푸르락 걸친 옷을 황칠한다 주남이 이걸 보고 부지깽이 탁 던지며

늦었다, 잘들 놀고 있네, 옷 벗을 때 되긴 됐지

*주남 : 창원시 동읍의 주남저수지
*천주, 백월, 봉림산 : 창원의 명산. 천주산, 백월산, 봉림산

달포를 쉬지도 않고

통도사 자장매 햇살 와서 놀다간 뒤

매화꽃 상큼한 봉오리 망울망울 꿈틀대더니 무병장수행복합격통일승진화목득남우애사랑믿음취직완쾌결혼건강하게 살도록 해 주옵소 먼 길 찾아와 매화나무 앞에서 간절한 소망의 눈빛 보내는 이들 가슴에 종일 퐁퐁퐁 기도의 답을 한 알씩 터뜨려 댄다

달포를 쉬지도 않고 누가 저리 터뜨리나

꽃 한때

03

가로수길 우화

도시의 한 변두리 수삼나무 가로수길
유명세를 타면서 메타세쿼이아 가로수길
후투티 까막까치에 참새까지 모여든다

잇속 빠른 장사꾼들 전쟁하듯 모여들어
청국장 김치찌개 호황 잠깐 누리더니
베트남 쌀국수집들 소문없이 성업 중

주택의 너구리족들 슬그머니 집을 헐며
청담동이 곧 온다며 국적불문 세 놓을 때
텃새들 얼씬도 않자 직박구리 세상이다

기억 학습

이름을 소개하며 ○○○ 크게 썼다
맨 앞은 축구공을, 다음은 그냥 제로0
마지막 동그라미엔 햇빛 몇 올 감았다

그 아래 주註를 달 듯 '공영해'라 작게 쓰자
킬 킬킬 박수소리 파도치고 가더니만
뒷벽에 머리를 박곤 천장까지 들썩였다

서른하고 여섯 해를 썼다 지운 나의 이름
멋진 공 기대하며 2만여 갤 날렸는데
필드 밖 기억법으론 그게 모두 골이라네

분꽃 저녁

주차장 들머리 핀
분꽃 향을 누가 알까

카페며 음식점들 저녁 준비 한창이다

등 굽은 유모차 한 대
가 다 섰 다 돌아보는

맨발로路

겨울 맨발로路는 만병통치 길이란다
운동장 만국기 아래 고무신 벗고 뛰던
유년의 미숙한 치기 발바닥이 부럽다

걷자, 나도 걷자, 서툴지만 함께 걷자
맨땅에 발 디디자 금방 흙이 비명이다
흙길에 익숙해지면 몸도 함께 길이 될까

고장 난 몸의 무게 믿고 맡긴 발이여
식은땀 등에 지고 떨면서 생각한다
마사이* 맨발로 뛰는 유목민의 여름을

*마사이 : '마사이 족'의 준말. 아프리카 동부 지역에 거주하
 는 유목민족

석류

미망의 뗏목을 타던 어머니의 아흔 고개
옛집 사랑채 뜰 석류를 따오라신다
어무이 금방 따 올깨얘, 잠깐만 기다리소

마트의 수입산을 한 광주리 따 드렸다
좋아라 굴리시며 까 달라 보채시기
그 중에 가장 큰 놈을 탁 쪼개 내밀었다

틀니도 안 끼시고 오물오물 잡수신다
석류 알 붉은 알알이 당신 피 되려는가
맑은 넋 간난이 웃음 향기롭게 피게 할

유품

아직도 녹지 않은 나프탈렌 기억 같은
수십 년 장롱 깊이 잠자던 옷이 있네
눈부신 오월의 아침 아버지 입던 그 옷

아내가 받들어 모신 청모시 두루마기
숯불 먹인 다리미로 곱게 다려 간직해 온
유록빛 어머니 손길 솔기마다 매운 정

새우깡

갑자기 물닭들이 수문 쪽으로 날아간다
기세에 놀란 고니 목을 뻗어 경계하지만
언제나 동작이 늦어 보고도 빼앗긴다

주전부리 새우깡이 물 위로 뿌려진다
환장할 입맛에 혼을 뺏긴 물닭들
아무리 별미 좋다만 무엇이냐 그 채신이

빈 봉지 털기도 전 돌아서는 저 짓거리
인간 철새에게 너희도 배운 거냐
자맥질 잊지 말아라 남세스런 짓들 말라

나비의 피서
―설악초 꽃밭

퇴약볕 아래서도 꽃밭은 설악雪岳이다
날다가 잠시 추춤 나래 접고 앉는 나비

어느새
바람 한 잎을
살 랑 살 랑
젓고 있다

꽃 한때

꽃 활짝 만 평 밭을 적화摘花하는* 아들 두고
모꼬지 사흘걸이 꽃 시각을 재촉하며
산비알 오르내리며 용을 쓰는 화산댁

아들아, 속지 마라 꽃 만발은 속임수다
한 가쟁이* 여남은 개 실한 것만 꽃값 한다
수밀도 굵은 단물이 자네 손에 달렸구마

벌 지난 꽃이라도 꽃값 못할 꽃이라면
모질게 두 말 없이 거름으로 쓸 수밖에
밭 만 평 때 아닌 사정司正 피가 듣는 꽃 한때

*적화摘花하다 : 꽃이나 과실의 품질을 좋게 하기 위하여 적당한 수의 꽃을 남기고 다른 것을 솎아내다
*가쟁이 : '가지'의 경상도 방언

무지외반증

무단히 엄지발가락이 왼쪽으로 휘더니만
바늘로 뼈를 긁는 아픔이 찾아와서
훤하던 동네 길들이 낯선 먼 길만 같다

두 발 무지拇趾가 좌우로 휘어져도
아픈 내색 전혀 않고 궂은 일 다 하시던
어머닌 여든 고개를 어떻게 넘으셨을까

당신의 그 통증을 함께 앓지 못한 내게
내리막길 가는 법을 느껴 보라 하심일까
절반의 아픔을 짚고 절뚝이며 가는 저녁

꽃 숨결

장대비 속으로
아우가 떠나간 뒤

젖은 아침 숲을
햇살이 찾아왔다

산 자의
길을 가꾸는
꽃 숨결이 가쁘다

아! 하이소

나는 안 무도 배부르다 니가 다 무라

어무이, 그라마 밥상 치워뿔고 당장 요양병원 차 부를껍니더 진짜로 밥 안 드실랍니껴 요양병원 가서 혼자 사실랍니껴 자, 이제 그만 아! 하이소

오늘도 며느리 겁박에 아! 하는 상머리

형슈님뎐

형슈님 우리형슈 복도만소 형슈님아 한가재 열시남매 그듕에 시째딸아 기여움 야지랑딸하 천복에 만복딸아

대쳐물 머근이력 야학에도 비치나셔 방깐집 영도령 낙시밥을 안뭅디껴 찌쇼식 감감혀도 퉁쇼소래 정분나셔 무덤실 오동땍에 봉황이 깃치더니 세빵살이 십여년에 시집식구 업꼬지고 사남매 아들딸을 치마포개 감싸면서 숨소리 기침소리 안으로 색잇지예 한세월 팔십년을 엎어지고 자빠지며 후이휘딱 넘고보니 복이란복 소리없이 당신품에 안옵디껴 소설을 쓴다면요 서른권도 넘겟니더 주인공이 형슈님인데 누가 외다그르다 하겟니껴 집안화평 무병장슈가 다은보살님 덕아입니껴 데름은 젖만안물엇지 어무이라 생각니더

몬받은 생의품앗이 잇거등 가슴열어 다받으이소

*표기법과 띄어쓰기는 1950년대 내간체를 따름

울어라 열풍

49

초식동물

허기진 시간의 풀
먹성 좋게 뜯고 있다

아이 어른 할 것 없이
폰 속에 뛰어들어

끝 모를
지평을 향해
새김질도 잊은 채

연복초 連福草

한때는 얼음새꽃*
황금알을 캐던 곳

탐욕의 발길 잦아 금맥이 끊기고 말아

폐광을
아직 지키며
푸른 별을 묻고 있다

*얼음새꽃 : 복수초福壽草

주름잎

숨가쁜 바람 한 점 층계를 밟고 간다
밟고 가다 잠깐 주춤 깨어진 돌 틈 사이
잠깐만,
한 숨 돌리시게
눈 맞추는 미소 한 점

아름다운 심술

초원에 풀을 뜯는 양 떼들이 이상하다
쑥부쟁이 꽃무더길 못 본 척 피해 간다
꽃 보고 비켜가다니, 저 무슨 심술일까

몽골의 산과 들에 피는 풀꽃 독을 품어
꽃 지면 씨앗 남겨 풀밭을 지킨다는 말
먹성에 길 든 짐승들 몸으로 받든다나

한 때는 뿌리까지 무지막지 먹어치워
사막이 초원을 삼킨 고비의 아픈 재앙
명심한 꽃들의 속삭임 '함께 살자' 하는 그 말

울어라 열풍

호프 향에 취한 음정 별무리에 가 닿을 때
소금밭 건너온 절뚝이던 기억들이
집게발 높이 쳐 든 채 울대치며 지나는지

영감님은 템버린에 거위소리 내지르며
김 상사가 되었다가 하숙생이 되었다가
등 시린 어제의 한때 빙글빙글 돌려본다

당당한 대머리에 실개천 깊은 이마
건너야 할 징검돌 아직 몇 더 남았지만
울어라, 울어라 열풍 울 수 없는 목숨들

기억의 방

사방연속 국화문菊花紋 빛바랜 사글셋방
나비가 날지 않아 아이는 심심했다
나비를 불러와야지
크레용 빛 선명한

그날부터 그 방엔 웃음꽃이 피어나고
날개를 팔랑대는 나비들이 늘어났다
빌딩 숲 우거진 정글
거기서는 못 산다고

이마 자국

아픔으로 그린 멍은 삭을 수 없는 걸까
범어동 옛집 하면 멍 자국이 생각난다
아버지 살아생전에 이마로 만든 자국

하루에도 열 몇 번 화장실을 드나들며
차마 부끄러워 자식한텐 말 못하고
막혀서 아픈 생리를 이마 대고 혼자 푸신

내 이제 넘고 있는 전립의 선 앞에 서서
아버지 그린 멍자국 그 내력을 읽은 뒤
저미는 검은 멍 자국 가슴에서 못 지워

두꺼비가 울었다

젖은 밤 머리 큰 짐승이 울었다
람사르 공원의 웅덩이 쪽이었다
하늘 물 처음 마시는 올챙이를 위한 축가

꽃비가 흩날려 황톳길을 덮던 아침
꼬리 뗀 목숨들이 길 위로 쏟아졌다
야행성 독을 품어야 살아남을 목숨들

콩쥐 눈물 닦아주고 지네 횡포 누를 때까지
뚜벅 걸음 진중하게, 행동은 민첩하게
살아라, 부디 살아라, 두꺼비가 울었다

동촌 순이

1.
철조망 울긋불긋 펄럭이는 빨래들
이따금 순이 속옷 사라져도 웃고 마는
귀먹은 이웃들 모여 백일홍을 심었지

2.
아재가 부르는 천안 삼거리 흥흥흥
초저녁 골목길 빈 수레를 끌고 가면
순이들 바쁘게 뛰는 출근길 발자국 소리

3.
창백한 퇴근길이 아침을 기다렸던가
아지매 된장찌개 그 맛 어찌 잊을거나
손자들 반찬투정을 즐겨 받는 순이야

머슴새

지붕보다 높이 자란 탱자나무 울타리에
머슴새 울음 삼킨 푸른 별이 걸릴 즈음
돌아와 발목을 씻는 등 넓은 사내 좀 보게

출퇴근 허덕이며 일의 끝을 모르던 삶
모두 다 털어내고 홀로 선 감나무 아래
땀 흘려 가꿔낸 열음 일손마다 정은 익어

귀촌 십 년 젊은 이장 상머슴 다 되었어
상강 지난 이맘때면 감나무는 등을 달아
머슴새 노루잠 자는 둥지 곁을 지킨다네

괴정리띠기 생각

형겊 조각 한 잎도 그냥 두지 않으시고
흘려 쓴 福 자를 잎잎마다 피우시며
꽃창포 나비를 불러 함께 놀던 당신 손길

뉘집 아기 돌잔치나 환갑 맞는 노인들께
복주머니 주름잡아 하나씩 돌리시던
괴정리 괴정리띠기* 이름자도 복명福明이던

근동의 집집마다 복을 챙겨 돌리셔도
당신 품 아이에겐 복 배달만 시켰는데
먼 오늘 주머니 값을 그 아이가 받습니다

*괴정리띠기 : 나의 어머니 고 정복명丁福明 여사의 댁호

장형長兄의 시간
―벌초

풀벌레 울음소리 가을 한 짐 부린 비탈
예초기에 발목 잘린 등골나물 바라보며
먼 억새 밭머릴 도는 기억들을 생각한다

두 발로 걸어야 할 시간들이 많지 않다
담채의 여백 위로 학이 날 듯 가뿐하게
연緣의 끈 손질도 하며 어깨 겯고 걸으리라

수유授乳의 엉금걸음 잊고 산 직립의 길
가랑잎 한 장의 얼굴 다시 마주 보기 위해
뒤꿈치 힘껏 디디며 장형의 뒤를 밟아간다

백로 무렵
−여우팥꽃

갈증을 참을수록 하늘은 배배 꼬여
노오란 어지럼증 앓고 있는 여우팥꽃
꽃잎이 여우를 닮아 귀가 예쁜 새끼 여우

풀벌레 젖은 노래 달빛 켜는 밤이 오면
귀 쫑긋 새끼 여우 꽃잎 털고 뛰쳐나와
등 들고 깡총거리며 밤 새는가 봐 줘야지

큰언니*

인연의 꽃밭에 큰언니가 다녀갔다
영춘화 백모란을 자취인 양 심어 놓고
연보라 오동꽃 향기 뜰안 가득 스미던 날

입속에 맴돌던 말 기억에서 떠나갈 때
사는 일 그러려니 다향茶香으로 달래시며
아직도 다 못 푼 사랑 아낌없이 퍼 주더니

눕지 않고 앉아 꼿꼿 넋의 심지 돋우시며
누우면 꺼질세라 가슴의 불 밝히시기
그 차마 애틋하였나, 그 불 왜 꺼야 했나

오동꽃 피는 날은 큰언니가 오실까
미망에 들기 전에 가시밭길 걷어내고
스스로 유수流水가 되어 노을물을 건넌 이

*큰언니 : 마을 사람들은 김부민 할머니를 '큰언니'라 불렀다

유칼립투스

아무도 찾지 않는 카페에 혼자 앉아
불기운 하나 없는 베란다를 지키면서
귀화를 꿈꾸며 떨던 유칼립투스를 생각한다

일 끊긴 채소농장 난방조차 없는 숙소
저임금에 망가진 몸 이 악물고 버텨 왔지만
싸늘한 이불 한 채 두고 별로 떠난 속헹* 씨

눈시울 젖게 하던 조간신문 기사 몇 줄
카페에 올 때마다 여름 숲을 대신하던
그 나무, 유칼립투스 아직 살아 있을까

*속헹 : Sokkheng(31. 여). 2020년 12월 20일 포천 채소농
 장 비닐하우스에 사망한 캄보디아 이주노동자

매화강

석남사

벙어리 장갑 나누어 낀
계집사내
웃는 사이

도랑은 벌써 녹아
상처 깊은
고로쇠나무

뽑아낸
피가 열두 말,
입춘대길
건너간다

불일암

무소유길 중간어림 헐떡이는 사내 앞에
천남성天南星 마중 나와 지팡이 짚고 서서
마음을 이기지 못해 몸고생이 많다 하네

바람 불면 나자빠질 몸이 몸을 끌고 가자
흘린 땀 닦아 주는 대숲이 고마워라
오름길 마음 비우면 절집 한 채 모셔질까

매화강

신라에 길을 내준 가야 땅 용당나루
춘궁을 묻은 둔치 매화꽃은 피는데
그 매화 추운 기억들 강물은 기억할까

때아닌 일제 수탈 등이 휘던 시절인가
강심은 쉬지 않고 미곡선을 띄울 때
식민의 쑥물 든 오기 청매화를 심었을라

상처가 깊을수록 나무는 단단하여
꽃 피워 강의 얼굴 꽃잎으로 덮어왔지
매화강 청매화 꽃물 향기조차 쓰다는데

알아서 해라

할머니 튀밥 한 줌 물 위에 확 뿌린다
갑자기 호수가 푸다닥 출렁인다
시옷 자 물화살 쏘며 쇠물닭들 전쟁이다

눈치 백 단 쇠물닭이 주위를 배회한다
잉어 떼 입만 벌쭘 헛물켜고 있지만
튀밥이 또 뿌려진다 싸우거나 말거나

투계

싸워야 사는 숙명
상처를 달고 산다

목과 깃 볏의 상처
아물 날이 없다

군림은
짧아도 좋다
닭의장풀
꽃빛 같은

점층법

풀무치 한 마리라 재미로 두었더니

나중엔 말매미 떼가 달팽이관을 파 먹는다

이제는 참 별일이다, 군악대가 성가시다

가거라 윌리*

필기체가 익숙해질 때
윌리가 찾아왔어

장보며 카트 끄는 그 소년이 부러웠지

그러나 이젠 가거라
필기체는 다 잊었어

*60년대 중1 영어 교과서에 나오는 소년의 이름. 소녀는 '셀리'였다

동행

다리가 불편하신 영감님 손을 잡고
지팡이 앞세운 할머니가 걷고 있다

햇살도
등을 감싼 채
함께 절며 따라간다

우체국 앞에서

엽서 한 장 앞에 놓고 땡감 씹는 맛이다
수신자의 이름 몇이 웃으며 다가와도
살면서 뭉쳐 둔 말들 보낼 데가 막막하여

이름 쓰면 주소까지 덩굴째 딸려 와서
펜으로 만 리 사연 새도록 띄웠건만
오늘은 손의 기억에 검버섯이 피었는갑다

터엉 빈 우체통에 비둘기가 앉아 있다
분홍빛 사연들을 아직도 잊지 못한
먹어도 배고픈 갈증 되새기고 있음일까

꽃넋을 기리며

나라 얼 지키는 길
말의 씨 모으는 것
말모이로 한데 묶어 겨레 밭에 심어야 한다
비바람 몰아친대도
끄덕 않고 자라도록

말을 잃는 것은
겨레 얼을 잃는 것
목숨 걸고 얼을 지킨 지사들 빛나는 이름
못 잊어, 꿋꿋한 꽃넋
말의 씨를 지켜 오신

황간 2수

1. 황간역
그립거든 헤리라, 기적汽笛으로 새긴 시심
백수*의 고무신도 율을 담고 앉아서는
만삭인 항아리 배를 쓰다듬고 있었다

2. 올갱이국
올챙이 국을 파나, 세상 참 희한하다
일흔을 살았다고 말귀 벌써 막히는가
땀 뻘뻘 기가 막힌다, 고디탕을 먹고 있다

*백수 : 정완영 시조시인의 호

선사의 봄
―전천리 각화

열여덟 번째 봄이 왔다, 가위표로 막음했다, 마름모 셋에 가위표 셋, 내 출정은 시작이다, 벼려온 창날의 섬광 과녁을 꿰뚫을 때

피 묻은 창을 씻자 냇물도 잠시 멈춰 포획의 비린 전과를 갈채로 환영했다 내 이제 할례를 끝낸 전사의 후예라며 부족은 나를 세워 빛의 앞에 서게 했다, 태양을 상형하여 전승을 음각하며 겁없던 내 젊은 날의 그 오만도 새겼다 세월을 발등에 감아 자만으로 일어서다 내 창날 부러져 명예를 반납할 때 화공은 단호하였다, 나의 봄도 끝이었다

단절된 내 기록이 천년 또 만년이 지나 한 사내가 디카로 찍어 그 부호를 묻기에 말아라, 당대의 언어 있는 대로 보라 했다

플라스틱의 말

내 이름은 플라스틱, 사람들아 사랑하라

실금 아른대는 물낯바닥 헤엄치는 연둣빛 귀여운 올리브각시바다거북 떼죽음당했다고, 천만 兆 조각나 흩어진 나의 뼛조각을 새우보다 게보다 즐겨 먹은 탓을 마시게, 오늘은 절해고도 헨더슨을 점령했지, 집요한 나의 공세 어찌 감히 막을손가, 패전의 낌새가 어제오늘 아니거늘 무슨 특종 잡았다고 호들갑 떨며 찧고 빻고 하시는가, 보아라 인간들아, 다투어 날 사랑하여 쓰고 버리길 아끼지 않더니 오호, 인제야 인류의 재앙이 보이기는 하던가, 떠도는 나의 뼈들 쌓이고 또 쌓여서 바다가 히말라야 되고 갈매기 머리슴새 고등어 참치 고래 물개 멸종이요 강도 산도 다 덮고 내 우뚝 서는 날이면 어디에서 무엇으로 그대들은 살려는가,

아직도 실감 안 날 테니 실컷 쓰고 버리시라

작품 해설

정형으로 추구하는 화해和諧의 미학

장 성 진 | 창원대학교 명예교수

1. 시인의 문학적 입각점

작가와 작품의 관계는 어떠한가, 나아가 어떠해야 하는가, 또 그것이 무슨 의미를 가지는가 하는 질문은 자주 되풀이되고, 그에 대한 견해도 통일되지 않았고, 앞으로도 그럴 것이다. 시대와 사회의 성격에 따라서 유관론과 무관론 중 하나가 우세해지기는 하지만, 여전히 비평가와 독자의 윤리적 선택 문제이지 문학론의 대상은 아니다. 심지어 작가와 작품의 도덕성이 일치하는 것이 이상적이라는 원론과, 그러한 요구가 상상력과 창작력을 제약하기 때문에 엄격히 분리해야 한다는 주장이 맞서기까지 한다. 주장이 어떻든 작가에 대한 관심이 작품을 이해하는 실마리로서 최소한의 의미는 가진다.

공영해 시인은 이러한 문제에 대하여 매우 투명한 유형의 작가이다. 시 속의 화자로 맨얼굴을 나타내는 데 아무런 거리낌이 없으며, 그렇다고 자기를 독특한 캐릭터로 내세우지도 않는다. 사람과 사물을 담담하게 드러내며, 자신도 그 속에 배치함으로써 작품에 녹아든다. 그러므로 그를 잘 아는 사람들은 시를 읽으면 마치 시 속에 그가 보이는 것 같고, 그를 모르는 사람이 시를 읽으면 그가 시와 같겠거니 생각하면 될 것이다. 그만큼 시가 일상의 삶과 밀착해 있으며, 시 창작은 그의 일상이 되었다는 뜻이다.

 시와 일상의 밀착이 시에 대한 의식을 느슨하게 하였다는 뜻은 아니다. 오히려 그 반대이다. 그가 즐겨 산야를 다니면서 사진을 찍고, 사람에 대하여 소소한 일화를 모아 시간을 축적하는 일은 시의 제재를 확보하는 과정이기도 하다. 그의 시적 소재가 체험과 관찰의 범위를 좀처럼 벗어나지 않는 까닭은, 이러한 체험과 관찰을 거듭하여 마침내 그것에 익숙해지고, 일상의 시공간에 배치하여 내면화가 이루어진 후에 시로 형상화한 데 기인한다. "귀신을 그리기는 쉽지만 개를 그리기는 어렵다."는 진경화가眞景畵家의 명언을 되새기게 하고, 관물시觀物詩의 전통을 떠

올리게 하는 창작 의식이다.

그는 "시가 무엇인가?"보다 "왜 시를 쓰는가?"에 더 진지한 관심을 보이고, 이에 대하여 명확한 입지를 마련한 작가이다. 이러한 면모는 이 시집 앞쪽 〈시인의 말〉에 압축되어 나타난다. 이 글은 세 개의 단락으로 구성되었는데, 실제로는 시조에 가까운 형식이어서 더욱 압축된 말이다.

"말의 주소가 희미해질수록 찾을 일이 많아진다."는 진술은 언어와 문학에 대한 시인의 진단이다. 말은 문명 이전부터 인간 심성의 근원인 로고스와 등가물로 인식되었다. 언어는 로고스뿐 아니라 파토스나 에토스와의 관계도 절대적이지만, 다른 문화 예술이 로고스를 담당하기 어려운 까닭에 언어는 로고스와 밀접하게 인식되었다. 대부분 종교의 창시 또는 연원이 말로 이루어지거나 말 자체이다. 신의 언어는 질서와 법칙에 있어서 절대적인데, 인간의 언어는 자의적 약속이기 때문에 불안하다. 말이 불안하고 무질서하게 흩어져 불통인 상태에서, 그 말의 주소를 찾는 일은 매우 중요하다. 말의 주소는 사유 주체의 가치관에 따라 종교적 경전, 사회적 정론, 올바른 문법 등으로 상정될 것이며, 시인에게는 좋은 시일 것이다. 공시인이 시를 쓰는 이유가 분명하게 드러난다.

"발품으로 만난 꽃들의 말을 또 불러 피워본다."는 진술은 시의 형상화 방식이다. 말의 주소를 제대로 지니고 있는 주체를 꽃에서 찾았다. "꽃들의 말"은 상징적이다. 꽃이라는 말은 시각적으로 "아름답다"는 의미의 장에 포함되는 모양과 색깔과 동작을 다 감싼다. 그런데 그 아름다움은 정작 청각 영역의 "말"로 나타난다고 하였다. 여기에도 근거가 있다. 예로부터 꽃의 후각적 내용인 향기를 청각어인 "듣는다"와 결부시켜 "문향聞香"이라고 했다. 퇴계 선생의 시조 도산십이곡에서도 "幽蘭이 在谷하니 自然이 듣기 좋아"라고 하였다. 이와 같이 시각과 후각의 가치를 온전하게 가진 꽃이 그에게 청각적 "말"의 완전함을 간직한 존재로 상정되는 것은 차원이 높은 세계 인식이다. 그러한 꽃들의 말을 발품으로 만나는 과정이 창작의 방식인 것이다. 그의 시적 제재는 바로 이 "발품"의 범위에서 취재된다.

"만나지 않으면 돌아서는 꽃의 세계 안부를 확인한다."는 말은 그가 시 창작의 궁극적 의미를 표명한 발언이다. 발품으로 체험하고 말을 불러 피운 꽃인 시의 세계는 자아와 세계의 합일이다. 그 꽃의 세계는 만나지 않으면 돌아서고, 다시 주소가 희미해진다. 달리 말하면 만나서 안부를 확인함으로써 그 세계가 지속되는 것이다. 이 합일과 지속이 그의 시가 추구하는 궁극적 가치라는 뜻이다.

시인인 그는 사람과 사람, 사람과 사물, 시간과 공간을 연결해주는 통로이면서 통합의 주체이다. 시 속의 화자로 등장하는 그는 특별하기를 거부하는 겸손한 안내자를 자처한다. 따라서 이 소소한 글은 그의 시에 대한 해명이 아니라, 어떻게 읽을 것인가 하는 접근의 통로 찾기이자 화자와의 동행을 목표로 삼는다.

2. 이해와 동화

서정시의 정신적 기반이 자아의 창조성이라고 하

는데, 이때의 창조란 결국 언어를 통한 하나의 세계를 상정한다는 것이고, 그 세계와 현실 세계의 질서가 어떤 관계를 가지는가 하는 문제는 작가 개인의 경향에 기인한다. 공영해 시인은 현실 세계의 사물과 사실과 현상을 관찰하고, 다시 사진을 찍듯이 어느 한 지점이나 삽화에 초점을 맞추는 기법을 즐겨 활용하는 작가이다. 따라서 독자들이 그의 시에서 만나는 제재는 거의 다 현실에서 체험 가능하거나 어딘가 기시감을 불러일으키는 흡인력을 가진다. 동시대를 살아온 사람들에게는 선명한 시각적 이미지를 공유하게 하고, 세대를 달리하는 이들에게는 들어본 이야기 토막이 상상을 더하게 한다.

헝겊 조각 한 잎도 그냥 두지 않으시고
흘려 쓴 福 자를 잎잎마다 피우시며
꽃창포 나비를 불러 함께 놀던 당신 손길

뉘집 아기 돌잔치나 환갑 맞는 노인들께
복주머니 주름잡아 하나씩 돌리시던

괴정리 괴정리띠기 이름자도 복명福明이던

근동의 집집마다 복을 챙겨 돌리셔도
당신 품 아이에겐 복 배달만 시켰는데
먼 오늘 주머니 값을 그 아이가 받습니다
―「괴정리띠기 생각」

  어머니를 기리는 소박한 시이다. 그렇지만 소박함에 내포된 사유思惟는 그리 단순하지 않다.
  우선 제목이 "괴정리띠기", 표준어 표기로 바꾸면 "괴정리댁"이다. 시인은 "어머니 댁호宅號"라고 밝혀 두었지만, 그것은 이 시에서 개인을 가리키는 기호 이상의 의미를 가진다. 한국사회에서 부인의 친정 지명을 딴 택호를 새로운 가호家戶의 타이틀로 삼는 것은 사회 구성체의 성격을 드러내는 장치이다. 한 집안의 관리자이자 가풍의 전승자가 주부라는 사실을 상징적으로 보여주는 표지이다. 이 말이 견강부회가 아닌 까닭은 시 전체에 하나의 코드로 숨어 있기 때문이다.

첫째 수는 소박한 수놓기를 묘사하였다. 자투리 작은 헝겊 조각을 아껴 수를 놓고, 보자기나 손수건으로 사용하는 정성은 한 시대의 풍속화 같은 예술이자 오락이었다. 특히 개화기 이후 서양식 스티치 기법도 도입되어, 전통적인 화조 자수刺繡에 더하여 한자와 영어 문구를 회화적으로 수놓기도 하였다. 수놓는 손길 중에 "福"자를 아는 이는 모르는 이보다 많았겠지만, 그 못지않게 인기있던 문구 "SWEET HOME"은 아는 이보다 모르는 이가 더 많았을 것이다. 그런 채로 무슨 부적처럼 좋은 뜻이거니 생각하면서 소중하게 여겼다.

둘째 수는 지역 공동체로 의미가 확산되는 과정이다. 수놓은 헝겊을 전달할 대상은 돌을 맞는 아기들과 환갑을 맞는 노인들이다. 이들은 살아갈 희망과 살아온 미덕을 지닌 사람들이다. 의미를 부여하는 주체는 괴정리댁이다. 이때 개인의 이름인 복명福明은 우선순위에서 택호 다음이다. 그만큼 공동체에서 알려진 타이틀이 중요하다. 더구나 글자를 다루고 수놓는 기술을 가졌으니 그 위상이 더 확고하다.

이런 사람이 아기와 노인에게 복주머니를 하나씩 돌리는 것은 일종의 의례儀禮이다. 주머니의 글씨인 복福은 문자를 넘어서는 언어주술이다. 언어 세계에서 만든 "복"자의 의미가 현실 세계에서 실제 복을 짓는다는 믿음을 공유한 것이다.

셋째 수에서는 마침내 화자가 참여하면서 그 의미를 확인한다. 인근 마을까지 집집마다 복을 챙겨 돌리는 괴정댁은 이미 정신적으로 지도자적 지위를 확보하였다. 마치 예전에 마을 사람들의 내간內簡이나 사돈지를 대신 써주던 사람들이 가지는 위상처럼. 화자는 복주머니를 받지 못하는 데다 그것을 배달하는 노동을 하였다. 어떤 집단에서도 후계자는 고된 수업을 하거나 심한 경쟁을 거쳐야 한다. 화자의 복주머니 배달은 그런 수련 과정이다.

그리고 마침내 "먼 오늘 주머니 값을 그 아이가 받습니다."라고 진술한다. 이는 긴 세월이 지나서야 그 의례의 의미를 인식했다는 뜻이며, 동시에 화자가 그러한 문화에 온전히 편입되었다는 뜻이다. 시의 주체가 한번도 어머니라는 이름으로 기술되지 않고 줄곧 괴정리댁으로 일관하는 것은 횡적으로 당시의 지역사회라는 공간과 함께, 종적으로 오늘날까지 이어지는 시간의 흐름을 하나로 엮어주는 문화적 코드를 의식하였기 때문이다.

1.
철조망 울긋불긋 펄럭이는 빨래들
이따금 순이 속옷 사라져도 웃고 마는
귀먹은 이웃들 모여 백일홍을 심었지

2.
아재가 부르는 천안 삼거리 흥흥흥
초저녁 골목길 빈 수레를 끌고 가면
순이들 바쁘게 뛰는 출근길 발자국 소리

3.
창백한 퇴근길이 아침을 기다렸던가
아지매 된장찌개 그 맛 어찌 잊을거냐
손자들 반찬투정을 즐겨 받는 순이야
―「동촌 순이」

순이라는 이름은 순하고 친근하다. 험난한 시대에는 순한 태도를 지녀서 순탄하게 살라고 이름 두 자 중 한 자에 쓰기도 했고, 근대화 이후에는 다양해진 직업군에 대하여 일터나 일의 종류 뒤에 접사처럼 쓰기도 했다. 도시 근교 또는 소도시의 소녀들, 이들은 섬유나 전자 제품의 생산자였으며, 농촌 가족을 도시로 유입시키는 개척자 역할도 했다. 이들을 부르는 '~순이'라는 말에 흔히 무례한 태도가 들어 있곤 했지만, 시인은 이들의 일상을 따스한 시선으로 그렸다. 이 시의 어디를 보아도 불거지는 소재나 특이한 인물은 물론 그것을 장식하는 기교가 보이지 않는다. 그 대신 옅은 밑그림처럼 은근하게 뭔가를 깔아 두었다. 그것은 순이와 주변인들의 순한 태도이다. 이 작품에서 순이 – 순이들 – 순이할머니가 되어가는 이름은 횡으로 하나의 집단이면서 종으로 세대를 이룬다.

첫째 수는 도시 일터의 풍경이다. 아마 그 시절 집단으로 일하는 공장일 터이다. 철사 빨랫줄에 널려서 펄럭이는 순이들의 옷, 속옷을 몰래 낚아채는 또

래 소년들의 치기, 당황스러움을 웃음으로 넘기는 소녀의 소년 대비 조숙함, 나이 든 이웃들은 모르는 체하며, 귀먹은 듯이 아주 모르는 체하며 붉은 백일홍을 심는다. 이것이 이들의 로맨티시즘이다. 이를 통해 시인은 한 시대의 도시화가 어떻게 이루어지는지, 그들이 어떻게 새로운 사회 구조에 구성원으로 참여해 가는지, 스스로 희망을 심어 가는지 이런 모습을 감각적으로 제시하였다. 고된 노동 뒤에 순한 이웃들의 순박한 삶이 겹쳐진다. 새로움에 대한 희망이 두려움을 넘어서게 하는 그들의 순한 공동체 의식이다.

둘째 수는 저녁 시간의 풍경인 만큼 청각이 두드러진다. 도시라고 하지만 아직 저녁은 어두움이 지배하는 때였다. 이웃인 아재는 천안삼거리를 흥얼거리고, 빈 수레를 끌고 가는 도시 노동자가 되고, 순이들의 출근길 발자국 소리가 요란하다. 저녁에 수레를 끄는 아재와 출근하는 순이들은 이제 온전한 도시민이다. 이른바 야간작업조가 있는 곳이다. 시골의 저녁은 잠자는 시각이다. 저녁에 잠이 사라진 곳은 어김없는 도시이다. 노동의 고단함을 덮어버리기 위해서도 흥타령을 부르고 발자국 소리를 크게 낸다. 느린 흥타령과 빠른 발자국 소리의 템포도 도시인의 세대 차이를 드러낸다. 도시는 차별이 있는 곳이다. 앞서 기교를 앞세우지 않는다고 했지만, 이 시는 이런 세밀한 차이를 놓치지 않는다. 오랜 관찰과 생활에 밀착된 관심이 빚은 표현 기법이다.

셋째 수는 원초적 상태로의 회귀이다. 그래서 음식이 지배한다. 순이는 할머니가 되었고, 그래서 시의 내용도 회상이다. 밤을 기다리는 일과 새벽을 기다리는 일은 차원이 다르다. 야간의 노동은 고단하여 창백하다. 춥고 배고픈 아침에 먹는 찌개는 오래 되어도 잊을 수 없다. 그 기억을 담아, 이제 할머니가 된 순이가 챙겨주는 반찬마저 손자들은 투정한다. 하지만 순이 할머니에게는 손자의 투정마저 내심 즐거운 성취다. 자기가 누린 최고치보다 손자가 누리는 최저치가 더 높아진 그 성공. 그래서 순이는 개인의 생을 잘 견뎌 왔을 뿐 아니라, 시대의 역할을 힘겹게 수행해 내었다.

이 시에서 순이는 끝내 말이 없다. 살아온 내력을 말할 게 너무 많아서 한 마디도 하지 않는다. 이 시대의 순이들다운 태도이다. 그 대신 시인이 직접 화자가 되어서 개입한다. "순이야"가 그것이다. 이 마지막 음보를 놓쳐서는 안 된다. 소녀적 "순이"를, 나이 든 "순이들"을, 급기야 할머니가 된 뒤에 "순이야"라고 부른다. 순이를 오래 지켜보았다는 뜻이다. 바로 울긋불긋 널린 빨래 중에서 순이의 속옷을 훔쳤던 용의자군에 속한다. 정밀한 구성이다.

한 시대를 살면서, 자연스러운 지역적 공동체가 만들어주던 결속력이 일터의 동료 관계로 옮겨가고, 객지에서 만난 사람이 가족을 이루고, 도시에 익숙해진 할머니로 살아가는 일상이 이어진다. 삶은 역시 내력의 축적이다.

나는 안 무도 배부르다 니가 다 무라

어무이, 그라마 밥상 치워뿔고 당장 요양병원 차부를 껍니더 진짜로 밥 안 드실랍니꺼 요양병원 가서 혼자 사실랍니꺼 자, 이제 그만 아! 하이소

오늘도 며느리 겁박에 아! 하는 밥상머리
—「아! 하이소」

　개인적이라기보다 오히려 사회적이고 시사적인 한 장면이다. 공시인의 작품 중에서 이처럼 절박한 시는 찾기 어렵다. 이 시는 시인이 독자에게 내어놓은 과제이자 호소와도 같다. 그만큼 이해의 깊이가 독자의 경험치에 크게 의존한다는 뜻이다. 증세가 하도 다르기도 하고, 딱히 뭐라고 이름 붙이기도 어려워서 대충 '치매'라는 정체 불명의 두루뭉수리 용어 속에 저마다 상황을 상정하는, 장수의 부산물 앞에서 모두가 고통을 받는다. 이 질병에 대해서는 누구도 경험치 이상을 상상할 수도 없고 발언을 해서도 안 된다.
　초장은 노모의 말인데, 문맥으로도 실제로도 정확한 해석이 불가능하다. 발화자가 일관성 없이 하고, 스스로도 모르기 때문이다. 중장은 며느리의 말인데, 온갖 감정이 뒤섞였지만 결국 감정을 억제하고 그 방편으로 대응할 뿐이다. 형식은 제안이지만 설

득, 요구, 위협, 애걸 등 모든 대화법에 다 열려있기도 하고 어느 것도 아니기도 하다. 의사 소통의 통로가 막힌 까닭이다. 종장은 아들의 말인데, 대책 없이 그저 그렇다는 것이다.

대책 없는 발언들로 이루어진 이 시에서, 인물들이 보이는 공통의 심리는 위악僞惡이다. 의식의 밑바닥에 가라앉은 심성은 선하다. 가난한 시대를 살아온 노모는 음식을 내어주고 싶으며, 자식은 노모에게 어떻게든 드시게 하고 싶다. 그렇지만 통로가 막힌 대화는 갓길을 택할 수밖에 없다. 그 갓길은 비틀리거나 거친 말이고, "겁박"이라는 위악이다. 이러한 해결책이 가능한 것은 "오늘도"라는 시어를 통해서 암시하는 시간의 축적이다. 시간이 축적되어 내력을 이루었으며, 내력의 힘으로 순간들을 겪어내어야 한다. 이런 걸 휴머니티라고 한다.

3. 은유와 공감

공영해는 꽃의 시인이다. 스스로도 그렇게 자처한다. 〈시인의 말〉에서 보았듯이 그는 끊임없이 발품으로 꽃을 만나고, 꽃들의 말을 부르고, 그 말을 피워낸다. 그것이 곧 시이다. 그러므로 그가 쓴 꽃시는 꽃의 속내이다. 싱거운 소리지만, 당나라 현종이 양옥환을 귀비로 삼고 못내 사랑스러워서 "말을 할 줄 아는 꽃解語花"이라고 했다면, 공시인은 꽃을 두고 "말을 갈무리한 사람"의 또 다른 모습으로 보았을 것이다. 그리하여 그가 사진으로 담은 꽃이 더할 수 없이 온전한 형체의 상징이라면, 문자에 담은 꽃은 스스로 갖춘 속내의 본래면목일 것이다.

별걱정들 하고 있다, 다아 잘 될 끼다
벙그는 꽃의 속내 천수관음 따로 없지
보아라, 비손의 발원
하늘문을 열고 있는
―「수련睡蓮」

공시인이 왜 꽃을 노래하는가, 왜 정형시를 쓰는가에 대한 답을 한꺼번에 명쾌하게 보여주는 작품이다.

정형의 관점에서 보면 초·중·종장의 의미상 규모와 거리가 확연하다. 시조의 한 장은 왜 자유시의 한 행과 다른지 잘 보여준다는 뜻이다. 초장은 사람이 벗어날 수 없는 "별걱정"에 대한 내적 갈등이다. 걱정은 생존의 뚜렷한 표지이다. 매순간 걱정은 이어지고 증폭된다. 걱정이 없어지면 그때부터는 무엇을 걱정해야 할지 걱정해야 하는 게 걱정이다. 다 잘 될 것이라 생각해도 정말 그럴지 걱정이다. 중장은 별걱정을 해본 사람이라야 발견할 수 있는 연꽃의 모습이다. 꽃의 속내가 천수관음, 천 개의 눈으로 중생의 고통을 낱낱이 살펴보고, 천 개의 손으로 그 고통을 낱낱이 풀어주는 아주 자비로운 천수천안대자대비관세음보살千手千眼大慈大悲觀世音菩薩 모습은 그냥 보이지 않는 법이리라. 종장은 수련에 바싹 다가가서 시인이 평생 꽃의 말을 들어온 내공으로 그 발원을 감지한다. 수천 번 윤회를 거듭하기 전 외롭게 버려진 동자의 뼛속 깊은 발원, 보살이 되어 일체중생의 고통을 소멸시키겠노라는 발원을 그는 꽃에게서 듣는다.

꽃의 관점에서 시를 도치시켜 보자. 초장을 종장으로 보내고, 종장을 초장으로 가져와 보자. 연꽃을 바라보는 화자의 눈에는 막 피어나는 연꽃의 모습이 마치 하늘을 향해 간절히 빌고 있는 손으로 보인다. 그 병그는 꽃에서 천수관음을 읽어낸다. 천수관음이 여러 겁 전 동자 시절에 어머니를 기리던 발원은, 공 시인의 여러 작품에서 어머니 이미지와 겹친다. 마침내 천수관음의 발원으로 중생은 걱정이 사라지고 다 잘 되는 꿈으로 살아갈 수 있다.

종교적 기원과 민간의 주술이 알맞게 섞여 있는 이 시에서, 꽃은 진실의 외현이고 시인은 그 비밀을 전하는 전령의 후예가 된다.

그의 시에서 꽃이 희망의 메시지로만 읽히는 것은 물론 아니다. 소재에 관계 없이 그는 사물을 오래 그리고 면밀히 관찰하고, 현실과의 거리를 최소화하면서 진실을 드러내려고 애쓴다. 굳이 말하자면 그는 시적 상상력과 리얼리티 양쪽에 균형을 배분하려고 애쓰는 시인이다.

아무도 찾지 않는 카페에 혼자 앉아

불기운 하나 없는 베란다를 지키면서
귀화를 꿈꾸며 떨던 유칼립투스를 생각한다

일 끊긴 채소농장 난방조차 없는 숙소
저임금에 망가진 몸 이 악물고 버텨 왔지만
싸늘한 이불 한 채 두고 별로 떠난 속헹씨

눈시울 젖게 하던 조간신문 기사 몇 줄
카페에 올 때마다 여름 숲을 대신하던
그 나무, 유칼립투스 아직 살아 있을까
―「유칼립투스」

 소재도 다소 특별하지만, 소재를 조합하고 내밀한 감성을 갈무리하는 심성이 마음에 와 닿는다. 이 시는 처음부터 끝까지 소재와 그것이 드러내는 이미지로 일관하고 있다. 의미를 담당하는 최소 단위인 구로 나누어 보면 세 수에 걸쳐 열 여덟 개이다. 이들은 "아무도 찾지 않는", "카페에 혼자 앉아"처럼 예외 없이 분리되고 외로운 이미지를 만든다. 그리고 식물인 유칼립투스는 이 이미지를 담당하는 중심에 있다.

첫째 수의 공간은 카페의 베란다이며, 주체는 유칼립투스이다. 카페는 본래 만남을 위한 공간인데, 아무도 찾지 않는다는 것은 버려졌다는 뜻이다. 혼자 앉은 화자도 이 공간에서는 의미가 없다. 의지가 있는 것은 베란다에서 떨고 있던 유칼립투스 뿐이다. 유칼립투스는 넓은 산야에서 숲을 이루면서 살아가는 난온대성 나무이다. 귀화하여 숲을 이루리라는 꿈을 지니고, 홀로 화분에 심어진 채로, 충분한 호흡을 위해 추위를 무릅쓰고 베란다에 놓인 상태는 무척 위태롭고 불안한 실존이다. 마치 꽃을 잎으로 둘러막아서 보호해야 하는 이 나무의 본성처럼 고립은 위험하다.

둘째 수는 캄보디아 이주노동자 속헹이라는 젊은 여자의 불행한 죽음에 대한 사실이다. 더운 나라에서 이주 정착을 꿈꾸면서, 홀로 채소 농장에서 추위에 떨며 버티다가, 끝내 하늘로 떠난 사실을 그대로 서술하였다. 분노할 일도 아니고 나설 수 있는 일도 아니다. 화자는 그저 전달만 하고 있다. 그렇게 각자의 몫이 있다. 사람의 의지가 많은 것을 좌우할 것 같지만, 선택보다 숙명이 더 크다는 점에서 속행씨는 먼 나라의 이름 모를 사람만은 아니다. 이는 공시인이 줄곧 '삶은 내력이 쌓인 현재의 모습'이라는 인식을 표출한 점과 연결된다.

그리고 끝내는 그 카페를 다시 찾지 않았다. 이전에는 화분의 유칼립투스를 바라보면서 그것이 여름날 무성하게 숲을 이루는 꿈을 가져 보았지만, 이제는 살아 있기나 할지 한번 생각해볼 뿐이다. 여기서 시인의 꽃 사랑이 가지는 의미가 더 깊어진다. 꽃은 그에게 관상용 오브제나 취미의 대상이 아니라, 가장 제 정체성을 지닌 채 살아가는 생존의 본보기로서 삶에 대한 은유이다.

4. 반본의 기억

공영해 시를 관통하는 동화와 공감의 동력은 살아온 내력과 존재에 대한 이해이다. 그렇지만 이 동력의 이면에는 그 반작용 같은 흡인력이 숨어 있다. 그

것을 반본反本의 정서라고 할 수 있다.

아기들 울음소리 기억에도 아슴한데
마을 어귀 방천 따라 재잘대는 애기똥풀
심심한 늙은 덕구가 시부저기 다가간다
―「덕구」

시어와 표현법과 주제가 잘 어울리는 단시조이다. 초장은 화자의 말이다. 사람의 말이란 내용이 많고 산문적이기 쉽다. 아기들 울음소리가 기억에도 아슴하다는 말은 아기가 태어나지 않는다는 단순한 사실을 넘어서, 공동체가 허약해진다는 안타까움과, 누군가를 탓하고 싶은 원망이 뒤섞인 진술이다. 방천 따라 밝은 노랑색으로 피어 있는 애기똥풀은 바람에 쉽게 흔들려 생동감을 불러낸다. 정말 동네에 애기들이 있던 때를 연상시킨다. 심심한 늙은 개가 슬며시 다가가는 모습은 그 시절에 대한 하릴없는 미련이다. "늙은" 덕구는 이미 애기똥풀이 애기똥 아닌 줄 알지만, "심심한" 상태에서 다가가볼 뿐이다. "재잘대는" 애기똥풀과 "시부저기" 다가가는 개의 모습이 대조적이면서 여실하다.

주인공은 덕구이다. 근대화에 힘입어 개들은 세련되게 도그라는 영어 이름 하나를 얻고, 일본어식 도꾸로 불리다가 순화된 말 덕구로 불리었다. 이 덕구의 중요한 임무 중 하나는 갓난아기의 똥을 핥아먹는 육아 보조 업무였다. 원칙적으로 "똥 묻은 개가 겨 묻은 개를 나무랄" 자격이 충분히 있음에도 누명을 쓰곤 했다. 그렇지만 이런 사실 모두가 덕구를 친밀하게 여기는 이유가 되기도 했다.

상황이 바뀌었는데도 꽃은 여전히 "애기똥풀"이라는 원래 이름으로 불리고, 덕구는 여전히 본래의 역할을 기억하여 애기똥풀에 다가간다. 이들은 짠한 느낌을 동반하여 사람을 지난날로 끌어들인다.

일출이 시작되자 책을 펴 든 호수 위로
안경 쓴 왕잠자리 거침없이 날아 든다
한 찰나, 은빛 느낌표 솟았다가 잠수한다

그것뿐, 호수는 종일 책을 펴 놓았고
다른 잠자리가 물의 대구법에 익숙할 때까지
아무도 느낌표의 정체를 알려 하지 않았다
 -「파문」

 이 시는 구성이 특이하다. 두 수 사이에 대응되는 장끼리 소재가 일치하는데, 미세한 차이를 보이면서 겹쳐진다. 초장은 호수와 책, 중장은 날아드는 잠자리, 종장은 느낌표의 정체로 동일한 소재이다. 이들 소재를 활용하는 방식과 그 실체를 잘 살펴볼 필요가 있다.
 일출이 시작되자 호수가 책을 펴 들었다. 호수와 책의 관계는 일차적으로 아침 호수를 책에 비유했다고 할 수 있다. 책이란 무엇이든 다 들어있는 집과 같다. 호수는 외견상 평평한 종이 같지만, 속내는 지상처럼 갖은 생명들의 서식지일 것이다.
 거침없이 날아드는 왕잠자리와 물의 관계는 이중적이다. 얇은 날개로 공중을 날아다니는 잠자리에게 물은 죽음의 세계이다. 그러나 잠자리의 기억에

물은 애벌레 시절 오래 살아온 터전이다. 또 그 물에 알을 낳아 번식해야 하는 생명의 요람이다. 잠자리에게는 사망과 출생의 자리인 물을 향해 거침없이 날아들어야 할 모순된 이유가 있다.

은빛 느낌표의 실체는 애매하다. 포식자로 변한 옛 이웃 물고기일 수도 있고, 물에 되비치는 잠자리의 모습일 수도 있다. 잠시 일어난 물의 파문은 잠자리의 회귀가 빚은 산란과 죽음의 흔적이다.

미시적으로 큰 일이 지나갔지만 호수는 여전히 같은 모습이다. 다른 잠자리도 본성대로 날아들어 물의 본성에 익숙해질 수도 있다. 물의 대구법이 다소 애매하지만 되비치는 속성이든 삶의 치열한 현장이든, 되돌아온 잠자리들에게는 서로 다른 하루일 수 있을 것이다. 그럼에도 불구하고 잠자리는 물에서 태어나고 물에서 죽는 존재이다. 까닭을 알려고 하기도 전에 다가가는 본능도 있다. 그 본능으로 인해 생멸은 지속된다는 것이 세계의 엄연함이기도 하고 기억의 힘이기도 하다.

피아노 선율 따라 커피 향 피워낸다

지나던 참새 떼도 카페 앞에 내려와서
낟알에 길든 군것질 그리움에 젖어 간다

낯선 시간 걷어내자 원동기가 돌아가며
휘발성 구름 도넛 풍풍풍 쏴올리는
새롭게 리모델링한 동구 밖 정미소 카페

벨트를 힘껏 감아 아침을 시동 걸던
등 굽은 아버지가 커피 잔을 들고 서서
정미한 빛나는 입쌀 축복처럼 내리신다
-「정미소 카페」

  장소를 공유하는 두 삶이 오가기도 하고 겹치기도 하여 독특한 정서를 불러일으키는 작품이다. 관건은 정교한 구조적 장치이다. 소재에 관심을 두고 보면, 첫째 수에서 중장의 참새를 축으로 시간이 나뉜다. 초장은 현재의 카페 풍경이고, 종장은 낟알이 있던 정미소에 대한 그리움이다. 둘째 수에서 초장과 중장은 정미소의 작업 광경이며, 종장은 리모델링한 카페이다. 셋째 수의 초장은 과거 정미소 풍경이고, 중장과 종장은 아버지와 커피로 인해 과거와 현재, 정미소와 카페, 정미와 커피가 공존한다.

 정서에 관심을 가지고 보자. 커피향이 피어나는 카페 앞에 참새떼"도" 내려왔으니 분명히 친화적이다. 하지만 참새에게는 먹이인 "낟알"이 소중하고, 그래서 그리움에 젖다가 날아가 버린다. 새로운 커피향에 젖어 있던 화자의 정서는 참새의 그리움으로 인해 과거로 향한다. 그래서 낯선 시간을 걷어내자 정미소의 원동기가 돌아가고, 발동기에서 피어나는 기름 연기도 경쾌하다. 이 정서를 "정미소 카페"라는 이름 또는 별명으로 나타낸다. "정미소"라는 과거의 일터를 "카페"라는 현재의 휴식 공간에 겹쳐 되살린 것이다. 노동의 결과를 휴식으로, 휴식은 노동의 선물로 삼으려는 소박한 언어 주술이다. 마침내 벨트를 감아 시동을 걸던 아버지가 커피잔을 들고 서서, 쌀처럼 소중한 커피, 커피처럼 향기로운 쌀을 내리고, 이것은 축복이 된다.

 원래의 시간과 자리는 사라지지도 않고, 언제든지

돌아갈 수 있는 세계로 남아 있다는 창조적 메시지이다.

5. 화해의 미학

공영해 시인이 추구하는 시의 도정은 화해和諧의 미학이다. 이 화해는 경쟁의 부산물인 불화不和를 해소하는 작위적 화해和解가 아니라, 세계를 있는 그대로를 받아들이고 질서화시키는 조화와 지속의 심리적 활동이다. 이를 시로 완성하기 위해 그가 행하는 두 가지 작업을 읽어낼 수 있다. 하나는 세밀한 관찰과 탐구이고, 하나는 끊임없는 반추이다. 그리고 작업은 주로 발품으로 이루는 독행獨行이다. 그 결과 대상과 제재는 일상의 범주를 좀처럼 벗어나지 않으면서 동시에 자기만의 해석 대상이 된다. 그런 점에서 그는 리얼리스트이기도 하다.

이 시집에서 그가 관찰과 반추의 작업을 통해서 보여준 가장 거시적 장치는 사람과 꽃 사이의 은유적 질서이다. 어느 시편에서도 사람이 꽃이라거나 꽃이 사람이라는 명시적 은유의 표지를 드러내지 않았다. 그렇지만 시 속의 사람과 꽃을 진술하는 과정에서 은유를 성립시키는 유사성의 실체를 질서화시켰다. 두 제재의 실체가 어떻게 포착되었는지, 그리고 시적 화자가 어떻게 수용하였는지 보면 알 수 있다. 몇 가지만 항목화해 보기로 하자.

첫째, 내력이다. 시에 나타나는 사람인 가족과 이웃은 내력을 지닌 이들이고, 꽃도 그러하다. 가령 앞에서 인용한 괴정리댁, 순이, 며느리, 속행씨 등은 저마다 정성 들여 하는 일을 통해서 살아온 내력을 지녔다. 유칼립투스, 아기똥풀도 옮겨오거나 제자리를 지키는 역할을 해 왔다.

둘째, 인물들은 사회적으로 자리매겨지지 않고 자기 세계를 살아가며, 꽃은 거래되지 않고 자족적으로 존재한다. 삶이란 스스로의 몫이며 그 자체로 완성 상태라는 점이 유사성의 핵심이다.

셋째, 화자는 사람에 대하여 종내에 이해하고 동화하며, 꽃에 대해서는 해석해내고 공감한다. 공존하고 지속하는 속성의 유사성이다.

넷째, 가치의 내면화이다. 인물들이 보여준 범상한

일상은 시대의 변화 위에 남겨진 기록이 된다. 온도와 광선에 맞추어 핀 꽃은 생명의 지표가 된다. 범상함이 특별하다는 유사성을 감추고 있다.

이러한 은유의 코드 속에서 끊임없이 가족을 불러내면서도 독자에게 거부감을 일으키지 않고, 들꽃을 내세우면서도 심상하지 않게 하는 것이 그의 시가 가지는 미덕이다. 마치 체험과 감성을 공유하는 듯한 친근감을 일으키는 힘이기도 하다.

예로 든 작품의 편수는 적고, 작품이 가진 깊이의 어느 지점까지 다가갔는지 감히 말할 수 없지만, 논의를 확대해 보면 전편에 걸친 공시인의 심성에 공감할 수 있을 것이다.